AF166142

http://www.photo-gratuite.info

Du même auteur :

1) LA GRANDE PALABRE. Editions
EDILIVRE APARIS, Juin 2010. N° ISBN : 978-
2-8121-3471-5 (Théâtre) 56 pages.

2) ENCRE NOIRE ET PLUME BLANCHE.
Editions EDILIVRE APARIS, Juin 2010.
 N° ISBN : 978-2-8121-3547-7 (Poésie) 106
pages

3) Mon cœur et mes amours oniriques. Editions
EDILIVRE APARIS, Août 2010. N° ISBN : 978-
2-8121-3721-1 (Nouvelles) 68 pages.

4) TAM- TAM ET CHANT POETIQUE.
Editions EDILIVRE APARIS, Août 2010. N°
ISBN : 978-2-8121-4100-3 (Poésie) 66 pages.

5) RIMES D'ENFANT. Editions BoD, Août
2010. N° ISBN : 978-2-8106-1960-3 (Poésie) 28
pages.

6) HYBRIDE ROMANCE et La complainte de la
vierge souillée. Editions BoD, Août 2010. N°
ISBN: 978-2-8106-1988-7 (Théâtre) 24 pages

7) EXALTATIONS ET LAMENTATIONS.
Editions BoD, Septembre 2010. N° ISBN : 978-2-
8106-1904-7 (Poésie) 52 pages.

8) <u>A FLEUR DE TEMPS</u>. Editions Baudelaire, Septembre 2010. N° ISBN : 978-2-35508-600-7 (Poésie) 74 pages.

9) <u>UNE ETOILE DE PLUS « Serge Abess »</u>. Editions BoD, Juillet 2011. N° ISBN : 978-2-8106-1991-7 (Biographie) 106 pages.

10) <u>BLESSURE ET BRISURE DE VIE</u>. Editions BoD, Juillet 2011. N° ISBN : 978-2-8106-1359-5 (Poésie) 72 pages.

11) <u>ECLATS LYRIQUES</u>. Editions BoD, Juillet 2011. N° ISBN : 978-2-8106-2150-7 (Poésie) 180 pages.

12) <u>LETTRES PARNASSIENNES</u>. Co auteur Rodrigue Makaya Makaya, Editions BoD, Janvier 2012. N° ISBN : 978-2-8106-2214-6 (Poésie) 72 pages.

13) <u>LA LAGUNE PERDUE</u>. Editions BoD, Février 2012. N° ISBN : 978-2-8106-2454-6 (Poésie) 56 pages.

14) <u>LA BRUNE DES GENIES.</u> Editions BoD, Mars 2012. N° ISBN : 978-2-8106-2476-8 (Roman) 88 pages.

15) <u>EFFLUVE DE LYS ET MELANCOLIE</u>. Co auteur Melissa KOMBILA, Editions BoD, Juin 2012. N° ISBN: 978-2-8106-2422-5 (Poésie) 64 pages.

16) <u>FLEURS DES IDYLLES FANEES</u>. Editions BoD, Août 2012. N° ISBN : 978- 2-8106-2546-8 (Poèmes épistolaires) 112pages.

ADIEU MONDE…

Edition : BoD - Books on Demand, 12/14 rond-point des Champs Elysées, 75008 Paris

Impression : BoD - Books on Demand, Allemagne

ISBN : 9782810626120
Dépôt légal : novembre 2012

Jannys KOMBILA

ADIEU MONDE…

Au Pr. Grégoire BIYOGO (Shemsu Maât)

Politologue, égyptologue et philosophe.
Fondateur et directeur de l'Institut Cheikh
Anta Diop (ICAD). Professeur au
Laboratoire de Logiques contemporaines
de Paris VIII. Président Fondateur de
L'Université Panafricaine de la
Renaissance.

« Mais il faut apprendre à vivre tout au long de sa vie, et, ce qui t'étonnera davantage, il faut, sa vie durant, apprendre à mourir »

Sénèque.

« Si tu veux pouvoir supporter la vie, sois prêt à accepter la mort »

Sigmund Freud
Extrait d'Essais de psychanalyse.

A ceux qui luttent
A ceux qui butent
A ceux qui chutent…

A l'âme sensible…

Prends ton envol
Etends tes ailes béantes
La vie s'en va
Et
Là-bas…
Une autre
Et
Moi
Je meurs un peu
A chaque carnage
Un peu
A chaque voyage
Un peu
A chaque triste visage
Un peu
A chaque dernière image
Dans ma mémoire camuse.

Adieu monde…

C'est ici
Que je suis né
Ici…
Près de
La douleur d'être
Malheur
Naître
Ici…
Où tout
Est vide
Tout est
Éphéméride
Ride
Corps livide
Délie les cordelles
De la vie
Envie belle folie
Lys belle fleur
Lit de mort
Lis belle âme
Lie ton annuité
Au savoir
Tout se meurt…
Avec moi
Sans toi
Et…

Adieu monde…

C'est ici
Que je peine
Ici…
Dans cette geôle
Ontologique
Douleur
Vivre
Survivre
Ici…
Où tout
Est césarisme
Barbarisme
Et vice
Tisse les éclisses
De destin
Lis belle âme
Lis…
Suis ton chemin

A deux
La route est étroite
Pesante et oblongue
Mais garde- toi de lire
Et oublie- moi
Souviens- toi
Que rien n'existe
Tout est vide
Et avide
Marche !
Et ne reviens jamais
Sauf sur tes pas
Et...

Adieu monde…

C'est ici
Que je vous quitte
Un dernier bonheur
Près de la nature
Ma vie est un jardin
De complainte
Un exutoire sans
Douleur sensible
Mon corps exsangue
Coule dans mes yeux
Flot d'acrimonie
Belle âme lis…
Bientôt
Il sera tard
Entends les courlis
La quiétude t'invite
La vie te chante
Un doux requiem
Et l'eau pleure
Heure
Après
Heure
Et…

Adieu monde…

C'est ici
Que l'homme
Nous condamne
Trop de mépris
Dans le regard humain
Trop d'armes
Pour si peu
De guerre
Et la guerre
Pour qui ?
Et la haine
Pour quoi ?
L'existence
M'a enseigné
Quand un trimardeur
Témoigne
Une vie difficile
Un monde facile
Une main tendue
Qui veut du pain
Et du vin
Tiens ! Je n'ai rien…
Un peu d'ombre
Je me cache du soleil
De l'inhumanité
Et…

Adieu monde…

Comme cette rose blanche
J'aurais aimé m'épanouir
M'ouvrir à la beauté
Des sensations
Embrasser
Les amours d'hiver
Et le vent s'asseyant
Sur mon front
Pour me remémorer
D'elle…
Son visage d'enfant
A la douceur pure
Un amour si
Limpide et amène
Elle m'a ému
Elle m'a suborné
Et les rêves
M'ont trahi
Rose blanche
Rose franche
Un seul parfum
Inscrit en toi

Des femmes lassantes
Les seins nus enchanteurs
Offrant de la sève
Laiteuse aux infidèles
Revoilà l'amour qui passe
Mais plus pour moi
Car on aime qu'une fois
Et…

Adieu monde…

Sans clarté
Je m'en vais
J'ai retrouvé
Les images d'estime
Cette beauté
Née de la nature
Sans tache
Sans fioriture
Un éclat épisodique
Je veux
Respirer encore
Ces étranges fragrances
M'enivrer de plaisir
Comme quand on aime
Sans affliction
En émotion forte
Partager les instants
 À jamais
S'aimer et
Toujours s'aimer
En euphonie
En poésie
Sans rime
Élégiaque

Le monde
Nous entortille
Du sang
Sur nos mains
Du sang
Dans nos passions
Les gens crient
Leur révolte
Sur la face
De la société
Mais
Personne n'entend
Ni eux ni Dieu
Et…

Adieu monde…

Tout ternit
Tout flétrit
Tout se
Décolore
Je lis la fin
Des êtres
La décrépitude
Tout tombe et
À jamais s'évanouit
L'essentiel s'en va
J'ai peur
Pour nous
J'ai peur
Pour moi
Car je vois
Ce que nul
Ne voit
Je sens
Ce que nul
Ne perçoit
Le vent
Me le témoigne

Le temps
Me poursuit
Mais ne
M'emprisonne
Sentez la vie
Qui vous émeut
Mais n'aimez pas l'envie
Ce monde est félon
Comme les nuages
Qui fuient
Tout s'efface
Des âmes lasses
Sans face
Montrez- vous !
Hommes !
Et…

Adieu monde…

Crois-tu
Que je meurs
Non !
C'est ma chair
Qui pleure
Elle pleure le vice
Trop de sexe
Trop de prétextes
Des désirs au
Son de tambour
Une monomanie
En brin de folie
Je plains
Les femmes
Et leur perfidie
Et les hommes
Qui caressent
Sans cesse
Leur phallus
Le désir est immaculé
Comme la frimousse
Candide d'une marguerite

Combattre l'excès
Et vaincre nos
Velléités abyssales
Nourrir le nécessaire
Combler l'absence
Restreindre l'assuétude
Jouir sur le vil
Abroger ses phantasmes
Et…

Adieu monde…

La vie
Est vomissure
On se lève
Dans l'incertain
Des lassantes
Accoutumances
On butine
Les fleurs de l'ennui
Et le soleil dans
Nos yeux obscurcis
Des équivoques
Au son de beffroi
Pourquoi la société
Nous emprisonne
Et ces lois qui
Au conflit
Nous mènent
Où est donc
L'amour du prochain
Je suis mal
En votre présence
Vous me jugez
Journellement

Tout s'évade en moi
Mêmes mes
Emotions premières
Je n'ai plus de souvenirs
La vie m'a violé
Et a pris mon essence
J'ai perdu volonté
Et clairvoyance
Je m'en vais
Pour espérer mourir
Avant que
Le monde me tue
Et…

Adieu monde…

J'ai cru
En la beauté
Des êtres
J'ai aimé
La douce et
Délicate fragrance
Des péronnelles comme
Des démons angéliques
Elles vous
Dévorent le cœur
Couchent avec
Votre émoi
Et enterrent
Vos sentiments
Sur les plaies
Ouvertes de la félonie
Le bonheur est- il
En nous ou
Hors de nous
Je veux être
À la nature
M'ouvrir à elle
Renaître sans pensées
Dans un ailleurs
Loin d'ici

Je voudrais emporter
Avec moi
La pluie d'automne
Sans les feuilles
Mortes des hêtres
Sourire sans
Angoisses et remords
Essuyer à jamais
Les larmes repues
De toutes mes blessures
Et…

Adieu monde…

C'est en observant
Que j'ai compris
Qu'elle nous
Parle sans mot
Qu'elle nous
Convie au mystère
Qu'elle invoque
L'Essentiel sans fiel
Pour nos écarts
Tout nous éloigne
De notre layon
Tout nous distrait
Et nous cache l'éclat
Quand nous
Fermons les yeux
Nous ne voyons
Que le silence et
Dans l'apaisement
Nous entendons le jour
Marchez à pas
De connaissance

Bientôt les baliveaux
Flétriront tous
Et la terre s'en ira
Avant l'ondée prochaine
Regarde !
Toi qui sens le vent
En mouvement
Le pollen s'éloigne
De la vertu des fleurs
Et s'en va s'échouer
Sur les rhizomes
De notre existence blême
Regarde !
Vois-tu, où est l'illusion ?
Et…

Adieu monde…

Je ne regrette rien
Je pars épanouis
L'âme sereine
Le corps rendu
La chair dévêtue
Je ne porte plus
Les stries de vie
Ni les
Meurtrissures
Ni les
Salissures
De cette existence
De procès
Je ris à présent
De vos lois
De votre
Justice maladroite
Des votes
De mensonges

Pauvre monde
Pauvre société
Je ne te hais plus
Car je te quitte libre
Je plains les aèdes
Ils vivent soumis
Dans un univers
D'absurdité
Viendra un jour
Assurément
Où la terre basculera
A quoi servira l'argent ?
Et…

Adieu monde…

Ici
On se sent délaissé
On se projette
Sur son
Ombre chatoyante
La monotonie
Du quotidien
Nous chante
Des cantiques
En note infidèle
Moi
Je ne suis pas toi
Toi
Tu es toi
Même si tu es
Mon miroitement
Je reste moi et
Toi tu es autrui
Cet autre qui
Obstrue ma voie
Tu gènes
Mon étoile du jour
Éloigne-toi de moi
Car je perds
Mon individualité

Tu n'as pas
Mes qualités
Et tu dis
Me ressembler
L'illusion nous semble
Parfois patente
Mais il y a toujours
Une dissemblance
Dans toute
Forme analogue
Autrui
Ce n'est pas moi
Et…

Adieu monde…

C'est quand
On s'en va
Que la mort nous
Semble apparente
La vie
La nature
Les animaux
Les hommes qui
Passent sans visage
Et s'effacent
En image d'illusion
J'étais seul
Dans ce monde
Tout seul l'œil rivé
Vers l'impénétrable
Et la solitude m'habitait
Elle était cet
Étrange compagnon
Qui vous parle
Sans mot
Et vous assiste
Elle était cette
Patiente amie
Qui ne vous quitte pas
Et vous témoigne fidélité

J'appartenais à la vie
J'étais lié
Aux plaisirs dérisoires
Au monde
Mais face à moi
Se tenait ma conscience
Impénétrable et austère
Elle comptait
Triste mes jours
Et…

Adieu monde…

Faut-il alors
Cueillir dès l'instant
Les fleurs de la vie
Non !
Ne les arrachez pas
Car elles perdront
De leur spontanéité
Et de leur beauté
Au soir…
Admirez dès aujourd'hui
Les fleurs de l'existence
Et si plus tard
Elles fanent
Vous aurez gardé d'elles
Le souvenir inaltéré
De leur visage coruscant
L'amour
La douceur
La jovialité
La candeur
La nitescence
La pureté

Autant d'images d'elles
Mais ce bonheur
De les contempler
Est une vie
Toute entière enchantée
Celles- là
Je ne les reverrai plus
De grâce !
Otez de mon sépulcre
Ces suintantes roses noires
Et…

Adieu monde…

Tout est abysse
Les joies
Les peines
Les afflictions
Accepter l'iniquité
Se condamner
Sans liberté
Le monde est
Une grande angoisse
Peur de mourir
Peur de tout perdre
Peur de la peur
Peur de vivre seul
Crainte de
Ne pas réussir
Crainte de
Ne pas se contenir
Inquiétude
Incessante de mentir
Inquiétude
D'enfreindre les lois
Mais quel est
Ce monde encrassé
Où la nature
Trouve sa quiétude

J'ai peur de rester en vie
Car si la mort me refuse
Où irais-je vivre ?
Mes pensées languissent
Comme ces images
De marais perdus
Loin de la sécheresse
Des régions arides
Le monde crie famine
Est-ce la fin ?
Et…

Adieu monde…

Les farfadets ont
Quitté les sylves
Ils se cachent de
La cruauté des endiablés
Ils attendent la fin
Ils observent l'histoire
Corrigent les mensonges
Des hommes
Et leur pouvoir
Ils parlent au temps
Ils n'attendent
Que tout passe
Ils sont
La mémoire sempiternelle
Quand le monde
Réécrit l'histoire
Ils disent de nous
Des insensés
Est-ce
La folie des dieux
Ou celle de
Notre âme tellurienne

Je connais mon âme
Elle n'appartient pas
À ce monde
Et il y a tant
De vies dévoyées
Conscientes
Mais endormies
Qui attendent
Que vienne l'inconnu
Comment alors
Le reconnaitront-ils ?
Et…

Adieu monde…

Il me reste encore
Un peu de soleil de vie
Pour dire aux êtres
De suivre leur chemin
Sans passions telluriques
Rien n'est vrai
Rien n'est juste
Tout n'est qu'antinomique
Et vérité erronée
Les femmes nous aiment
Mais nous trahissent
Les hommes sont adultères
Mais se marient
Les riches se rient
Du mal des pauvres
Les gênés sont éplorés
Et meurent aisés…

Non-sens
Vide
Incompréhension
Incongruité
Concavité
Cataclysme
Tout semble
Clos et gai
Beau et vrai
En réalité tout
N'est qu'épreuve
Fuyons !
Avant que tout ne ternisse
Les oiseaux dans le ciel
S'y attèlent
Et…

Adieu monde…

Le jour s'apprête
Les arbres me disent
Au revoir
Un sentiment
D'émotion amène
Une vie partagée
Des automnes blessés
Une douleur forte
Comme la larme
D'une veuve sombre
Je fais le deuil
De mon repos
Je voudrais partir
En cette saison
Glisser et mourir
Dans l'air frais
Avec les
Feuilles lassées
Avec le
Vent chagriné
Et renaître
Mais pas ici
En ce bas monde

Au printemps
Là-bas de l'autre côté
Je ne suis pas insensé
Croyez- moi
Je suis juste
Une âme fourvoyée
Une âme effarée
Et emprisonnée
Dans un monde
Qui me juge
Dans un univers
Qui me condamne
Sans délit
Je vous tends la main
Pour vous dire
Que je m'en vais
Heureux
Et...

Adieu monde…

Ce n'est pas un tunnel
Que nous traversons
De l'autre côté
C'est une passerelle
Et on y fait escale
Pour contempler
Sur le viaduc
La vie qui s'écoule
Jusqu'aux cavités
De l'éternité
Comme l'eau
Est enchantant
Et la lumière
Nous interpelle
En chant de délivrance
Je suis libre à présent
Et je peux vivre
Sans pensée
Sans douleurs charnelles
Sans angoisses et écueils
Je ne ressens plus l'effroi
Je suis clarté et
Mes yeux se plaisent

Emporte- moi
Vers d'autres émotions
Belle faucheuse
Ici…
Le monde est mal
Et la société pue
Il est temps de partir
Faut- il que
Je vous dise pourquoi
Laissez- moi traverser
Le soleil y est
Plus chaleureux
Et…

Adieu monde…

A chaque branche
Sa frondaison
A chaque culture
Son histoire
A chaque homme
Sa destinée
Est-ce à Dieu
Que nous tendons
Nos mains ?
Est-ce à la vie
Que nous adjurons
Notre chemin
Les fleurs fanent
Mais renaissent
En éclat de candeur
Les femmes meurent
Mais renaissent
En beauté de douceur
Comme la vie
Est bien étrange
Et le bien est
Bien perplexité

Est-ce à ce monde
Que nous devons
Rendre compte ?
Est-ce le mal
Qui nous rapproche
Le plus de l'Être ?
Doit- on espérer mourir
Pour comprendre la vie ?
Es- tu là
Belle âme ?
Ne t'endors pas
Regarde les réverbères
Ils lisent jusqu'au lever
Matutinal
Et…

Adieu monde…

Pourquoi taire
Le mystère
Dans un monde où
Le silence est bruit
Il y a celui qui cherche
Pour connaître
Et celui qui quête
Pour trop paraître
On nous cache
Le regard de la mort
Pour nous montrer
Le sourire de la vie
C'est ici
Où tout commence
Et c'est ici
Où tout se termine
La vérité n'est pas
Loin du jour
Elle s'émeut en l'être
Elle se meut hors de tout
Cherchez le mensonge
Pour aboutir à la véracité

Le questionnement
N'est pas la seule voie
Qui conduit à la lumière
La conviction n'exclut
Pas le doute
Mais cette silhouette
Je la connais
C'est la stèle de la vie
C'est pour dire à l'être
Que la mort est nôtre
Elle marche à l'ombre
De notre fin
Sourit à nos faiblesses
Et quand sonne
Notre beffroi
Elle nous prend
Affablement
Dans ses mains
Et…

Adieu monde…

Tu me fascines tant
Mais de ton sourire
Éclair de douceur
Je garde ce plaisant
Gout de miel
Et tous ces
Petits bonheurs
Vers moi s'envolant
À perdre pollen
Dis-moi si
Nous avons existé
Car je n'ai que
La cendre humide
Des souvenirs qui
Ont incendié
Mon cœur
A jamais je t'aimerai
Aube de mes
Émotions éthérées
Même dans
Le silence il vivra
A chaque
Lueur nouvelle

De l'autre côté
Il naîtra en toi
De forts sentiments
En clair- obscur
Ame d'amour
Incandescent
Brûle !
En mansuétude
Ma morte mémoire
Je recherche
Ton parfum
Perdu dans les tréfonds
De mes rêves
Au crépuscule infini
Et…

Adieu monde…

La fratrie n'existe pas
Derrière je suis effacé
On naît près
Des siens
On grandit
Sans liens
On vieillit comme
Des chiens
Abandonnés
Et épuisés
J'étais cette illusion
Cette tache
Sur ce cliché
Et la douleur
D'être en tourment
Et le désarroi
Me dépeignant
J'étais cette absence
Cette errance
Vagabonde
Ame perdue
Dans ce grand
Chenal de vie
Où est ma voie ?

Où est ma croix ?
A qui tendre ma joie…
Personne
Ne m'accepte
Il y a trop de mépris
Tout se resserre
Autour de moi
J'étouffe…
Il n'y a plus d'air
Dans mes ambitions
Est-ce la couleur
De mon visage
Quelle est ma race
Oh ! Toi xénophobe
Me vois-tu dans la nuit ?
Et…

Adieu monde…

C'est ainsi
Qu'on finit
C'est près d'elle
Que je confesse
Mes trébuchés
Mes péchés
Me sont pardonnés
Mes actes répétés
Me condamnent
Mais ma foi
Est vigoureuse
Ma religion est
Ma voix intérieure
Comme elle je fais
Face au monde
Je n'ai pas
Peur des armes
Ni des lames
Acérées
Qui ouvrent
L'hypogastre
Des vaniteux

Les anges n'y
Croient plus
Le mal est
Devenu humain
Ils disent converser
Avec le divin
Lequel diable !
Pauvres gens
Si besogneux
Voilà c'est cela
Notre misère
L'ignorance
Elle tue plus
Que la famine
Ô soleil !
Voilà que la pluie
Me réchauffe
Et…

Adieu monde…

Coupons l'arbre
Du péché originel
Il y a trop
De fruits de passion
Trop de sucs de poison
Les désirs deviennent
Attachement
Et la lucidité se perd
Dans les méandres du vice
Qui sommes- nous?
De pauvres larves vivantes
Se nourrissant
Des fientes du mal
Réveillez- vous !
Eveillons- nous !
Le monde s'engouffre
Et la vie nous offres
Des sépulcres d'or
Où est l'homme ?
Caché à l'ombre
D'un crucifix
Il a peur des
Flammes du soleil

Et quand la nuit
Le peint de sa noirceur
Il s'endort enivré
Cherchant
La lumière des rêves
Et de l'espérance
Où est l'homme ?
Caché à l'ombre
De son ignorance
Il cherche Dieu
Et…

Adieu monde…

Désormais
Mon âme est loin
Elle contemple
Les jardins de vie
Elle est devenue
Soleil éclat éternel
Belle âme lis !
Lis sans t'arrêter
Et cherche…
Bientôt il sera tard
Entends les courlis
La quiétude t'invite
La vie te chante
Un doux requiem
Et l'eau pleure
Mais l'amour
Et la foi sont là
C'est ici que l'homme
Nous condamne
Trop de mépris
Dans le regard humain
Trop d'armes pour
Un monde en
Quête de paix

Et la haine pour qui ?
Et la chaine humaine
Pour quand ?
Sois forte ils sont là…
Ils veulent
La fin des hommes
Ils complotent contre
Nous et vous
Ils veulent imposer un nom
Et le divin s'inquiétant
La conscience de
L'homme indocile
Le feu consumera
Nos pamphlets
Les idées nobles
Deviendront cendres
Et…

Adieu monde…

Comme il est long
Le chemin de l'être
Il nous conduit
Dans les travers
Les sentiers perdus
Au silence vert
Un banc assit
Esseulé qui attend
Que je m'entretienne
Avec lui
Me demandant
Comment se portent
Les hominiens épuisés
Et la vie
Est-elle
Toujours lourde ?
La vie !
Lui dis-je
Elle est morte
Comme il est long
Mon chemin
Est-ce mon parcours
Cette voie si étroite

Moi qui ai tant
Donné à la vie
Moi que l'on a tant
Adulé et célébré
Est-ce mon itinéraire
Voilà que mon ombre
Me marche dessus
Ame auguste
Suis ta destinée
Le ciel est
Encore céruléen
Les astres du jour
T'accompagnent
Et…

Adieu monde…

Mais où
Conduit ce layon
Voilà que
Je marche longtemps
Sans perdre espoir
De mourir enfin
De quitter ces
Tourments d'amour
Ces obsessions
Qui nous supplicient
Mes sentiments
Sont devenus cyclones
Ils ravagent les jardins
Et les pâturages
Les amours incertaines
Et les idylles
J'ai hâte d'y arriver
Vers l'enfin
Comprendre
Pourquoi doit-on
Naître et voir
La fin de la vie
Mourir et voir
La fin de la mort
Et toucher l'immuabilité

Combien de bienfaits
Coûte mon destin ?
Combien d'âmes
Ai-je perverti ?
Et cette descendance
En cadence
Qui ai-je trahi
Moi ou eux
Seul je marche
Dans le silence
L'esprit encore confus
Mais fortin
Derrière- moi j'efface
Les pas de mes erreurs
Et…

Adieu monde…

La fatigue
Dans l'âme
Me soupèse
Mais
Je me sens léger
Je n'ai plus
Le poids de
Mon corps
Je ne sens plus
La lourdeur
Des envies
Je ne connais
Plus la souffrance
Je suis une
Âme affranchie
Je marche
Dans le vent
Et je parle
Le langage
Du soleil

Je vous vois et
Vouvoie l'être
De clarté
J'aperçois le
Bout du chemin
Les yeux en
Pluie d'émotion
Je voudrais que
Vous y soyez
Voir et sentir
Un autre air
De bonheur
Je vous laisse
Mes rêves
A vous de
Les interpréter

Je vous laisse
Mes peines
Pour comprendre
Les douleurs
Miennes
Je vous lègue
Mes pensées
Excavées au fond
De la vie
Vous y trouverez
Des fleurs
De sens
Et des radicelles
De non sens
Mais ne vendez
Jamais mes libelles
Donnez-les
Aux pieux
Et...

Adieu monde…

Voilà que
Me témoigne
Le soleil
Je ne dois
Rien aux hommes
Mes empreintes
Rejoignent l'histoire
Mais j'aurais
Aimé comprendre
Ce monde chaotique
Des guerres
Et toujours
Des guerres
L'égoïsme humain
Le mal qui plaît
L'inégalité qui désole
L'absolutisme bestial
Le racisme qui
Ne finira jamais
Et ces maux sociaux
Qui irritent la conscience
Pourquoi tant de folie ?

Le monde est
Une grande erreur
Et le mystère !
Ô beau mystère
Pourquoi te caches-tu
Aux yeux sensibles
De l'humanité
Voilà que
La vie s'éloigne
Et ma vue s'en va
Avec ma mémoire
Dévoile- toi aux hommes
Le cosmos se meurt
Et l'argent tue l'homme
Le monde est
Un immense complot
Et…

Adieu monde…

C'est la fin…
L'existence comme
La lumière s'en va
A présent
Il est trop tard
Pour refluer
Je me sens libre
Je m'en vais
Avec le soleil
Je m'en vais
Vers la lumière
Ne soyez pas
Tristes pour moi
Car moi
Je le suis
Pour vous
Et vos larmes
Gardez- les
Pour laver
Vos souffrances
Là où je vais
On pleure de félicité

Les larmes sont
Témoignages d'alacrité
Je ne regrette rien
Je n'emporte
Aucun souvenir
Ce monde est mal
Ce monde est sale
Ce monde est pâle
O homme obséquieux
Demeure esclave
De tes vices
O femme sybarite
Recouvre ton noble linceul
O Terre altérée
La nuit arrive violente
Et sanglante
Et…

Adieu monde…

C'est ici
Que je vous quitte
Un dernier bonheur
Près de la nature
Ma vie est un jardin
De complainte
Un exutoire sans
Douleur perceptible
Belle âme, vis !
Belle âme, lis !
Belle flamme, luis !
Bientôt il sera tard
J'attends l'higoumène
La quiétude m'invite
La vie me plante
Près de mon corps
M'enveloppe
Un doux requiem
Sans scolie
Et l'eau avec moi
Meurt en refrain
Et…

Ô monde !
Comme tout disparait
Ô mort !
Comme tout renaît
Ô lumière !
Me voilà !
Tiens- moi la main
Et…
Emmène- moi enfin.

« Il n'y a de bien en cette vie que
l'espérance d'une autre vie »

Blaise Pascal
Extrait des Pensées